OBSERVATIONS D'UN FRANÇAIS

PARIS

IMPRIMERIE BALITOUT, QUESTROY ET Cⁱᵉ

7, rue Baillif, et rue de Valois, 18

OBSERVATIONS

D'UN FRANÇAIS

SUR LA BROCHURE DE

MM. A. BOULOUMIÉ ET P. THOINNET

LES ÉTUDIANTS A LIÉGE

ET LES MESURES UNIVERSITAIRES

Sape an che l'anarchia come di fatto
Negli stati accader vedean sovente,
Rompe di società qualunque patto,
E seco porta inevitabilmente
Conseguenze gravissime e funeste,
E de 'corpi politici é la peste.

CASTI. *Animali Parlanti*, canto primo.

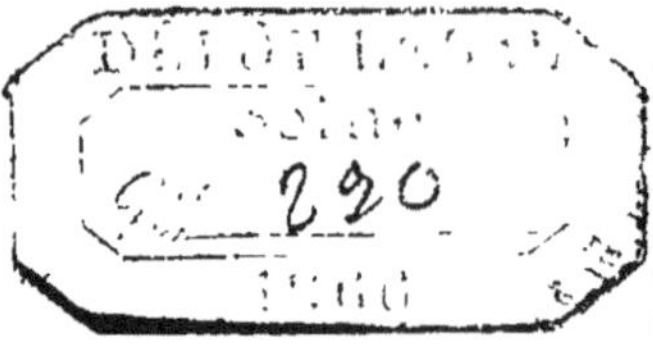

PARIS

E. DENTU, LIBRAIRE-ÉDITEUR

PALAIS-ROYAL, 17 ET 19, GALERIE D'ORLÉANS

—

1866

OBSERVATIONS D'UN FRANÇAIS

SUR LA BROCHURE DE

MM. A. BOULOUMIÉ ET P. THOINNET

LES ÉTUDIATS A LIÉGE

ET LES MESURES UNIVERSITAIRES

MM. A. Bouloumié et P. Thoinnet nous paraissent défendre une mauvaise cause, suivre une mauvaise voie, en essayant de mettre, dans leur brochure, au pilori de l'opinion publique, à laquelle ils font appel, les mesures universitaires qui ont frappé, à leur retour en France, de peines disciplinaires certains de Messieurs les étudiants en droit et en médecine, qui, de Paris, se rendirent au Congrès de Liége et au meeting de Bruxelles « *pour y discuter la question de l'enseignement* (1). »

Cette question trop pacifique fut bientôt laissée de côté par quelques-uns d'entre eux, et se traduisit dans leur bouche en

---

(1) Tous les mots en *italique* ou entre des guillemets sont cités de la brochure de MM. Bouloumié et Thoinnet.

violentes déclamations contre la Constitution, contre le Gouvernement, en appels à la guerre civile, en insultes aux institutions, en outrages au souverain, à la religion et au glorieux drapeau de leur pays.

Cela se passait à l'étranger ; on veut, dans ce fait, voir leur absolution ; nous y voyons leur faute, et aggravée encore.

Argutiant sur les lois l'on vient nous demander, à nous public, à nous, Français, si la punition qui leur a été infligée,

Est légale ?
Est opportune ?
Est utile pour l'avenir ?

A ces trois questions nous répondrons par une triple affirmation.

Oui, elle est légale ;
Oui, elle est opportune ;
Oui, elle est utile.

———————

Notre intention n'est pas de faire ce qu'ont fait MM. Bouloumié et Thoinnet ; certes, citer des ordonnances, des statuts, des décisions, puis les discuter, leur prêter une interprétation, leur chercher un sens autre que le leur, pour un triomphe quelconque, faire naître le doute et le laisser dans l'esprit du public est aisé ; mais il nous semble que ce n'est pas utile et que le talent de discussion dont ces Messieurs font preuve dans leur brochure pourrait-être mieux employé ailleurs avec plus de profit pour tous.

Nous ne voulons pas non plus prendre fait et cause pour un parti plutôt que pour un autre ; nous en aurions le droit, cependant, on nous en donne l'exemple, mais nous ne vou-

ndre que le parti de la justice et de la raison, qui est
heureusement celui de la grande majorité des citoyens.

Nous n'avons mission ni d'attaquer, ni de défendre. Le
gouvernement qui nous régit est fort parce qu'il est appuyé
sur la volonté de tous ; si fort, qu'il n'a pas besoin d'être dé-
fendu ; sa force aidant à sa justice lui permet de repousser et
de punir sans peine les téméraires attaques dirigées contre
lui. Nous n'avons donc pas mission de le défendre ; mais ce
que nous pouvons faire spontanément, c'est protester éner-
giquement contre les insensés qui, sur le sol étranger, vont,
sans honte, espérant être à l'abri des lois, essayer de diffamer
leur patrie, leur mère ! C'est notre droit, et nous en usons,
acceptant d'ailleurs et d'avance toute la responsabilité de nos
paroles, sans en assumer une partie à quelque article de loi
plus ou moins bien interprété.

Notre but principal est d'essayer d'être utile ; nous espérons
l'être en présentant quelques observations plus raisonnables
que critiques tant à cette « jeunesse exaltée et ardente, la plus
exaltée de l'Europe », ainsi que MM. Bouloumié et Thoinnet
la qualifient, qu'à eux-mêmes, qui s'en font les apologistes, les
représentants et les défenseurs officieux. »

Disons d'abord, pour relever la vérité, que cette jeunesse
n'est pas plus celle de Paris que celle du reste de la France ; il
serait peu juste de faire retomber sur la jeunesse de la capitale
les fautes et les erreurs, non-seulement commises par des
membres *la jeunesse de Paris*, mais encore par des membres
de celle des provinces. La jeunesse des écoles de Paris est donc
tout simplement la jeunesse des écoles.

Vous la dites généreuse ; nous n'en disconvenons pas : la
générosité appartint de tout temps à la jeunesse. Vous la dites
folle, nous n'en pouvions douter, il était inutile d'en chercher
la preuve dans le passé. Vous ajoutez qu'elle est prête à em-
brasser la première cause, bonne ou mauvaise, qui se présen-
tera à son trop plein d'ardeur et de fougue ; cela peut-être :
mais la première cause à rencontrer pour cette jeunesse, c'était
la cause de son pays ; son premier besoin, son premier devoir,
sa première aspiration à l'étranger encore plus tôt qu'en France,

c'était de la défendre, de la soutenir. Au lieu de cela, cette jeunesse « *généreuse et folle* » a fait du nom français le plastron de ses railleries le but de ses insultes et de ses outrages.

Rome républicaine les eut traînés aux gémonies.

La France impériale, qu'a-t-elle fait ?

Elle s'est contentée de les exclure pour un temps des Académies de l'Empire. Punition légère, s'il en fut, et bien au-dessous de la faute commise, et si les lois qui les ont condamnés ont été dans ce but exhumées du passé, où est le mal ? Prendre au passé ce qu'il a de bon, c'est encore du progrès ; et si les lois de 1825 et 1826, « *ces lois d'un autre âge,* » ont prévu des délits que ne prévoient pas les lois d'aujourd'hui, pourquoi ne pas s'en servir ? où sont les décrets qui les abrogent ?

Le conseil académique et le conseil impérial de l'instruction publique ont été de ce sentiment ; l'un a confirmé en partie l'arrêt que l'autre avait prononcé, et puisqu'il y a eu une juste application d'une loi encore en vigueur, loi que MM. Bouloumié et Thoinnet sont seuls à traiter, pensons-nous, de « lettre morte, » il n'y a pas eu d'illégalité dans la sentence ; et si, considérant que le délit a été commis à l'étranger, on vient arguer que sa répression n'est pas de la compétence des juridictions françaises ; nous demanderons alors pourquoi ceux qui l'ont commis sont-ils venus se replacer sous le coup de ces juridictions ? En rentrant en France c'était les accepter, c'était accepter ces lois auxquelles on ne voulait se soustraire un instant que pour commettre le délit ; il n'en est que plus grave, plus répréhensible, plus punissable ; celui qui commet un délit dans l'ombre croyant en assurer l'impunité est-il moins coupable que celui qui le commet à la face du soleil ? Si, dans ce cas, la culpabilité est la même, elle le sera aussi dans l'autre ; donc l'application de la loi est juste, donc la condamnation *est légale.*

MM. Bouloumié et Thoinnet nous disent que la jeunesse des écoles « a combattu trois fois dans la rue *pour troubler l'ordre* sous Lonis-Philippe. » Mais ont-ils bien songé, ces Messieurs, à ce que ce membre de phrase avait de fâcheux dans la circonstance actuelle. — Pour troubler l'ordre ! — Voilà sans doute un motif bien noble et bien digne ! Faire du bruit dans la rue, ameuter les populations, jeter l'étincelle sur des esprits déjà faciles à enflammer ! Et tout cela sans avoir pour but avouable le triomphe d'une opinion longtemps raisonnée, mais seulement le triomphe du désordre, « pour faire du bruit dans la rue, » en un mot, « pour troubler l'ordre ! »

Vous avouerez franchement, Messieurs, que ces actes ne peuvent plus être qualifiés de « générosité folle, » qu'ils ne peuvent plus être attribués à l'exaltation de la jeunesse, de « cette jeunesse la plus exaltée » de l'Europe ; mais qu'ils sont de la démence, du délire, produits d'imaginations en désordre, que l'intérêt et le repos de tous prescrivent aux lois et à ceux qui les appliquent d'arrêter leurs excès.

Ah ! si vous nous aviez dit que cette jeunesse exaltée et folle s'était sacrifiée en 1815 pour arrêter l'invasion étrangère aux portes de Paris, notre cœur loyalement français vous eut applaudi ; mais lorsque vous venez nous dire, que cette générosité, cette folie, cette exaltation, la conduisirent trois fois dans la rue « pour troubler l'ordre sous Louis Philippe, » nous voyons que c'est de l'émeute dont vous vous voulez parler, et nous trouvons que c'est triste ; triste pour ceux qui le firent, et triste encore pour ceux qui les en louent ; et c'est un mauvais argument à mettre en avant dans la défense que vous avez entreprise, c'est un argument qui condamne ; pour nous, la guerre civile nous a toujours paru le dernier et le plus mauvais de tous les arguments d'une opinion mal raisonnée mise aux abois par la raison.

Sur les barricades de Juin, cette jeunesse a versé, ajoutez-vous, son sang pour la défense de l'ordre. Mais alors maintenant que l'ordre règne, que la France possède un gouvernement qui, non seulement est « *probe et fort,* » mais encore est sage et ami du progrès, un gouvernement qui marche avec les principes de 89, et qui est issu de sept millions cinq cent mille suffrages, pourquoi des membres de cette jeunesse des écoles qui a remplacé celle qui s'y trouvait il y a dix-sept ans, veulent-ils troubler aujourd'hui ce même ordre? Pourquoi vont-ils à l'étranger déclamer contre les institutions de la France, outrager son gouvernement? Se servir de cette raison pour les absoudre serait une inconséquence, une inconséquence sans nom.

Ce serait commettre sans doute une grande injustice que de faire peser sur la jeunesse d'aujourd'hui les fautes de la jeunesse d'autrefois ; mais s'il y a injustice en cela, il y en aura également une non moins grande, si l'on vient, pour palier des fautes actuelles, invoquer des actes héroïques ayant eu lieu à une autre époque. Cette intervention du passé ne peut faire pencher la balance ; chacun reçoit le prix de ses œuvres, la gloire aux héros, le châtiment aux coupables.

M. Rey a trente-et-un ans, M. Régnard vingt-neuf, M. Casse vingt-huit, M. Jarlard vingt-cinq, les trois autres un peu moins âgés ne sont cependant plus des enfants, M. Losson a vingt-trois ans, M. Lafargue vingt-deux et M. Bigourdan vingt.

Voilà donc les jeunes gens dont « *il faut laisser à l'expérience de la vie le soin de redresser les erreurs passagères ;* » dont on doit discuter la punition et son opportunité ; dont il faut rejeter les fautes sur la jeunesse ; dont il faut dédaigner les attaques et les outrages ; pour lesquels on répand le blâme sur le gouvernement auquel on reproche de savoir se faire respecter et de savoir punir ceux qui ne le respectent pas.

Mais la faute de ces Messieurs n'a même pas l'excuse de l'âge ; tous sont des hommes, presque tous des hommes qui devraient être sérieux, destinés pour la plupart à occuper dans la société des positions honorables et respectées. Qu'ils songent bien que si d'imprudents amis ont voulu leur faire un piédestal de l'opinion publique, elle saura les juger et ne les absoudra pas ; elle ne trouvera pas que leur âge plaide en leur faveur, qu'ils ont agi « sans discernement ; » mais elle se dira que l'instruction qu'ils ont reçue les condamne, fussent-ils beaucoup plus jeunes qu'ils ne le sont réellement ; que cette instruction, qui les place au-dessus du vulgaire, a dû leur apprendre de bonne heure à penser, à agir en hommes ; qu'elle a dû leur faire comprendre que même, n'adhérant pas d'opinions aux institutions actuelles de leur pays, ils devaient s'y soumettre par déférence pour la société, pour la nation à laquelle ils appartiennent, et s'abstenir chez l'étranger, dans une réunion qui devait être toute scolaire, d'émettre les idées subversives à l'ordre de choses établi qu'ils y ont émises.

Ces sept Messieurs auraient-ils par hasard, comme leurs devanciers du règne de Louis-Philippe, nourri la coupable et non « généreuse » pensée que leur faible voix, grossie seulement par la colère et la rage de l'impuissance, suffirait à exciter une révolution ?

Sept sur cinquante présents au congrès, sur cinq mille absents ! Et si leur voix est restée sans écho s'ensuit-il de là qu'ils doivent être pardonnés ; que leur faute avec eux doit rester dans l'oubli ?

Ils ont voulu, ces Messieurs, faire du bruit, jouer un rôle, et ne pouvant faire ce bruit, jouer ce rôle dans les rues de Paris, ils sont allés à l'étranger ; ils ont pensé que le gouvernement les prendrait pour des écoliers, pour des enfents ; ils ont oublié qu'ils avaient l'âge de l'homme, à défaut de ses idées, et que c'était hors de France surtout qu'ils devaient porter haut leur qualité de Français, leur qualité de membre d'une grande nation, aussi généreuse que puissante. Le gouvernement eût été bien faible de traiter en enfants, en écoliers, des hommes de trente ans ; il n'aurait pu le faire sans se manquer à lui-même, sans se discréditer ; il les a punis, de là des réclamations non fondées, des appels insoutenables, des apologies erronées et la citation d'une charmante phrase de Madame de Sévigné qui nous semble, à vrai dire, fort mal appliquée. Madame de Sévigné, du reste, n'a pas voulu parler d'hommes de trente ans, sans cela il eût été profondément ridicule de dire : « Pardonnons-leur, la jeunesse leur fait du bruit. » Jusqu'à quel âge alors irait l'enfance ? Où finirait l'adolescence ? où commencerait la jeunesse ? où serait l'âge de raison ?

Non, leurs condisciples, n'ont pas appuyé leurs déclamations scandaleuses : ils se sont sagement abstenus ; la raison avait parlé en eux et ils comprenaient qu'outrager son pays c'est s'outrager soi-même, et ce n'est pas une raison parce que la majorité est saine, pense et agit bien, de ne pas punir une minorité, si faible qu'elle puisse être, qui agit mal, qui la trouble et qui veut l'entraîner au précipice où, en aveugle, elle va tête baissée.

Depuis quand les meneurs doivent-ils être épargnés ? Les épargnant ne serait-ce pas encourager la minorité à les suivre dans leurs erreurs ? La répression ne doit-elle pas toujours suivre la faute dans tout État bien organisé ? C'est faire le procès de la société que de discuter l'opportunité de la punition d'un coupable ; et puisque dans tous les autres cas de culpabilité prévus par les lois, opportunité de la répression ne peut être mise en doute, la discuter dans cette circonstance, c'est la rendre plus nécessaire, c'est aggraver le délit au lieu de l'amoindrir ; donc la condamnation *est opportune.*

Répondant à cette dernière question, de savoir, « si cette mesure est utile pour l'avenir ; » nous dirons qu'il n'est donné ni à MM. Bouloumié et Thoinnet, ni à nous, ni à personne, de discuter sciemment les œuvres de l'avenir, c'est un voile épais qui ne peut être déchiré ; c'est une mer sans rivage sur laquelle sombrent les plus justes prévisions du présent. Il ne peut donc être discuté que pour ce qi se rapporte à notre temps.

Mais supposons pour un moment que l'avenir soit tout entier, tout à coup, sans transition aucune, sans liens avec le passé aux mains de cette jeunesse exaltée. Où irons-nous ? Quel sera le sort des générations futures ? Quel sera le sort de nos neveux, le nôtre même, lorsque nous serons des vieillards ?

Avant d'abandonner l'avenir à ceux qui sont appelés à nous.

succéder dans la vie, ne devons-nous pas tenter de l'assurer
Ne devons-nous pas leur tracer la route et remettre dans la
bonne voie ceux qui s'en écartent?

Le laboureur de l'Évangile arracha l'ivraie de son champ et
bon grain prospéra.

L'ivraie, c'est la discorde civile que tout gouvernement sage
doit arracher du champ de l'État dont il est le gardien ; elle
étouffe le dévouement patriotique, fait mûrir les révolutions,
conduit à l'anarchie, entraîne aux passions politiques et au lieu
de développer le germe de la liberté, elle le détrit.

Il est donc de l'intérêt de tous que le gouvernement sévisse,
s'il est troublé même par un nombre infime non de dissidents
mais de perturbateurs. La paix dans l'État assure la prospérité
présente et la prospérité future de la nation.

L'avenir, soit, a besoin d'encouragement ; mais serait-ce à
dire qu'il ne faut pas lui laisser d'exemples ? Ce serait alors,
après avoir atteint le degré le plus élevé de l'échelle du progrès,
dire à nos neveux ; il ne vous reste plus qu'à redescendre, qu'à
recommencer une civilisation ; pour vous la vie est sans passé,
la vie est sans exemples et le monde s'est arrêté sous nos pieds.

Quant à supposer, avec MM. Bouloumié et Thoinnet, « que
les successeurs des membres actuels du conseil académique,
seront un jour, peut-être, des hommes passionnés et durs, qui,
appuyés sur des textes que l'on fait revivre, puniront les par-
tisans d'opinions plus modérés, comme sont punis aujourd'hui
ceux qui ont développé une opinion extrème par des paroles et
des actes. »

Nous ne pouvons admettre cette hypothèse ; ce serait admettre, en effet, que le juge forge lui-même la loi au moment de
l'appliquer, qu'il ne l'applique que suivant sa volonté ou son
caprice, qu'il punit de peines différentes deux coupables
ayant commis un délit identique. Cela n'est pas, cela ne peut
être : la loi est indépendante du juge ; ce n'est pas lui qui
frappe, c'est elle.

Il est heureusement bien vrai que la jeunesse n'est pas « in-
digne ; » nul, du reste, ne l'a taxée d'indignité ; elle a besoin
de conseils et d'exemples, de conseils pour le présent, d'exem-

ples pour l'avenir. La rendre toute entière responsable de fautes commises par un très-petit nombre de ses membres, serait injuste, et la justice est dans tous les actes du gouvernement qui nous régit, même dans ceux qui lui sont le plus reprochés. Que la jeunesse soit confiante, qu'elle n'oublie pas la juste leçon qui lui est donnée, et plus tard, lorsqu'elle aura mission à son tour de guider dans la vie une autre jeunesse issue d'elle, lorsqu'enfin elle occupera dans la société la place destinée à son âge mûr, elle remerciera et reconnaîtra combien la punition infligée *était utile pour l'avenir*.

Nous avons dit, dès notre début, que dans leur brochure, les auteurs avaient pris la défense d'une mauvaise cause et suivaient une mauvaise voie. Nous croyons avoir suffisamment fait ressortir le premier point; il nous reste maintenant à prouver le second.

En effet, si la voix de MM. Bouloumié et Thoinnet s'était élevée et eût protesté contre la mise en cause avant que l'arrêt du Conseil académique eût été rendu, nous les aurions blâmés sans doute et le public avec nous; mais cela eut passé à tous les yeux pour la démarche spontanée d'une généreuse amitié, tenant seulement un peu trop la place de la raison, un peu âcre, il est vrai, contre le gouvernement; mais cette âcreté eût été rendue excusable par le but qu'elle se proposait d'atteindre; cependant, pour tous les esprits, c'eût été une manière un peu violente de solliciter la clémence.

Mais tel n'est pas le cas; le Conseil s'est prononcé, les coupables ont été punis, et ces Messieurs viennent les soutenir dans leur faute, les encourager à la rébellion et les pousser au mépris des lois en discutant pour eux plutôt qu'avec eux la juste punition qui leur a été infligée et le droit du gouvernement à l'infliger; ils viennent leur dire bien haut que l'arrêt du Conseil académique peut être cassé, qu'ils peuvent appeler de la sentence qui les frappe devant trois autres juridictions. Mais seraient-ils absous par elles qu'il en resterait encore une autre de laquelle ils pourraient encore en rappeler, mais qui infailliblement les condamnerait, et elle l'a déjà fait ; nous voulons parler de la raison publique, qui juge en dernier res= sort. Au lieu donc de les pousser en avant, de les placer en évidence, eux et leur faute, ne valait-il pas mieux les engager au calme et à la modération ?

Les auteurs ont-ils bien pesé et prévu les conséquences que leur brochure pouvait faire naître ? Ont-ils bien pensé à ce qui pourrait résulter de grave pour quelques-uns des cinq mille jeunes gens des écoles, s'ils venaient à suivre la voie qu'ils ouvraient devant eux ? Ont-ils bien songé qu'en élevant l'autel, où ils font paraître leurs protégés en victimes, c'était aussi préparer le trépied que tout étudiant pourrait vouloir troquer à son tour contre son banc d'école ?

Faire entendre sa voix pour engager au calme et à la modé- ration, user de son talent pour faire prévaloir des conseils sa- lutaires, c'eût été suivre la bonne voie.

Faire ce qu'ils ont fait, écrire ce qu'ils ont écrit, c'est suivre la mauvaise, et le public qu'ils ont mis en cause, qu'ils ont ins- titué souverain-juge, jugera et attribuera à qui la mérite, la justice et la raison, le calme et la modération.

S. FILIPPI DE FABJ.

Paris, 6 janvier 1866.

FIN